Mit vielen Bildern von
Iskender Gider

Mein schönes buntes

LIEDERBUCH

Gondrom

Lizenzausgabe für Gondrom Verlag GmbH, Bindlach 1997

ISBN 3-8112-1582-5

Inhalt

Vorwort

„Wo man singt, da laß dich ruhig nieder – böse Menschen haben keine Lieder“: Das ist eine alte Weisheit, und sie gilt sicher auch heute noch. Denn Musik und Gesang sind ein ureigenes Bedürfnis des Menschen, Ausdruck seiner Lebensfreude und mit die schönste Form gemeinsamer Aktivität, die uns in friedvoller Weise verbindet.

Wir wollen mit unserem Liederbuch allen großen und kleinen Sängern wieder Lust machen aufs Singen. Wir haben in alten und neueren Liederbüchern geblättert und einen bunten Strauß von Melodien zusammengestellt: „Dauerbrenner“ aus mehreren Jahrhunderten, aber auch weniger bekannte Weisen zum Entdecken und Wiederentdecken.

Sie begleiten uns durch Jahr und Tag, sie erzählen Geschichten von Mensch und Tier – und sie machen ganz bestimmt jede Menge gute Laune.

Iskender Gider hat die Sammlung mit viel Humor illustriert. So ist aus unserem Liederbuch auch ein fröhliches Bilderbuch geworden, das zum Anschauen und Schmökern einlädt.

Also, viel Spaß beim Lesen – aber vor allem natürlich beim Singen!

Der Frühling

hat sich eingestellt

Winter ade!

Worte: Heinrich Hoffmann von Fallersleben
Fränkische Volksweise

2. Winter ade! Scheiden tut weh.
Gerne vergeß ich dein,
kannst immer ferne sein.
Winter ade! Scheiden tut weh.

3. Winter ade! Scheiden tut weh.
Gehst du nicht bald nach Haus,
lacht dich der Kuckuck aus.
Winter ade! Scheiden tut weh.

Nicht lange mehr ist Winter

Im Kanon zu 4 Stimmen

Mündlich überliefert

Im Märzen der Bauer

Volkslied aus Mähren

2. Den Rechen, den Spaten, den nimmt er zur Hand
und ebnet die Äcker und Wiesen im Land.
Auch pfropft er die Bäume mit edlerem Reis
und spart weder Arbeit noch Mühe noch Fleiß.

3. Die Knechte und Mägde und all sein Gesind,
es regt und bewegt sich wie er so geschwind;
sie singen manch munteres, fröhliches Lied
und freu'n sich von Herzen, wenn alles schön blüht.

4. Und ist dann der Frühling und Sommer vorbei,
dann füllt sich die Scheuer im Herbst wieder neu;
es füllt sich der Keller, der Stall und das Haus,
da gibt es im Winter manch fröhlichen Schmaus.

Kuckuck, Kuckuck

Worte: Heinrich Hoffmann v. Fallersleben
Niederösterreichische Volksweise

2. Kuckuck, Kuckuck läßt nicht sein Schrein:
„Kommt in die Felder, Wiesen und Wälder!
Frühling, Frühling, stelle dich ein!"

3. Kuckuck, Kuckuck, trefflicher Held!
Was du gesungen, ist dir gelungen:
Winter, Winter räumet das Feld.

Es tönen die Lieder

Im Kanon zu 3 Stimmen

Volkstümlich

Der Frühling hat sich eingestellt

Worte: Heinrich Hoffmann von Fallersleben
Weise: J. F. Reichardt

2. Er hielt im Walde sich versteckt,
daß niemand ihn mehr sah;
ein Vöglein hat ihn aufgeweckt,
jetzt ist er wieder da.

3. Jetzt ist der Frühling wieder da;
ihm folgt, wohin er zieht,
nur lauter Freude fern und nah
und lauter Spiel und Lied.

4. Und allen hat er, groß und klein,
was Schönes mitgebracht,
und sollt's auch nur ein Sträußchen sein,
er hat an uns gedacht.

5. Drum frisch hinaus ins freie Feld,
ins grüne Feld hinaus!
Der Frühling hat sich eingestellt;
wer bliebe da zu Haus?

Alle Vögel sind schon da

Worte: Heinrich Hoffmann von Fallersleben
Alte Volksweise

2. Wie sie alle lustig sind, flink und froh sich regen!
Amsel, Drossel, Fink und Star und die ganze Vogelschar
wünschet dir ein frohes Jahr, lauter Heil und Segen.

3. Was sie uns verkündet nun, nehmen wir zu Herzen.
Wir auch wollen lustig sein, lustig wie die Vögelein,
hier und dort, feldaus, feldein, singen, springen, scherzen.

Alles neu macht der Mai

Worte: H. A. von Kamp
Volksweise

Der Mai ist gekommen

Worte: Emanuel Geibel
Weise: Justus W. Lyra

2. Frisch auf drum, frisch auf drum im hellen Sonnenstrahl,
wohl über die Berge, wohl durch das tiefe Tal!
Die Quellen erklingen, die Bäume rauschen all:
Mein Herz ist wie 'ne Lerche und stimmet ein mit Schall.

3. Und find ich kein' Herberg, so lieg ich zu Nacht
wohl unter blauem Himmel, die Sterne halten Wacht,
im Winde die Linde, die rauscht mich ein gemach,
es küsset in der Frühe das Morgenrot mich wach.

Trariro, der Sommer, der ist do

Aus der Pfalz und dem Odenwald

2. Tra-ri-ro, der Sommer, der ist do!
Wir wollen zu den Hecken
und wolln den Sommer wecken.
Jo, jo, jo, der Sommer, der ist do!

3. Tra-ri-ro, der Sommer, der ist do!
Der Sommer hat's gewonnen,
der Winter hat's verloren.
Jo, jo, jo, der Sommer, der ist do!

Schön ist die Welt

Wem Gott will rechte Gunst erweisen

Worte: Joseph Freiherr von Eichendorff
Weise: Th. Fröhlich

2. Die Trägen, die zu Hause liegen,
erquicket nicht das Morgenrot;
sie wissen nur von Kinderwiegen,
von Sorgen, Last und Not um Brot.

3. Die Bächlein von den Bergen springen,
die Lerchen schwirren hoch vor Lust;
was sollt ich nicht mit ihnen singen
aus voller Kehl und frischer Brust?

4. Den lieben Gott laß ich nur walten;
der Bächlein, Lerchen, Wald und Feld
und Erd und Himmel will erhalten,
hat auch mein Sach aufs best bestellt.

Im Frühtau zu Berge

Nach einem schwedischen Volkslied

2. Ihr alten und hochweisen Leut,
ihr denkt wohl, wir sind nicht gescheit?
Wer sollte aber singen,
wenn wir schon Grillen fingen
in dieser herrlichen Frühlingszeit! (Sommerzeit)

3. Werft ab alle Sorgen und Qual
und wandert mit uns aus dem Tal!
Wir sind hinausgegangen,
den Sonnenschein zu fangen.
Kommt mit, versucht es auch selbst einmal!

Schön ist die Welt

Aus Oberhessen

2. Wir sind nicht stolz, wir brauchen keine Pferde,
die uns von dannen ziehn.

3. Wir steig'n hinauf auf Berge und auf Hügel,
wo uns die Sonne sticht.

4. Wir laben uns an jeder Felsenquelle,
wo frisches Wasser fließt.

5. Wir reisen fort von einer Stadt zur andern,
wo uns die Luft gefällt.

Auf, du junger Wandersmann

Aus Franken

2. An dem schönen Donaufluß
findet man ja seine Lust
und seine Freud auf grüner Heid,
wo die Vöglein lieblich singen
und die Hirschlein fröhlich springen;
dann kommt man vor eine Stadt,
wo man gute Arbeit hat.

3. Mancher hinterm Ofen sitzt
und gar fein die Ohren spitzt,
kein Stund fürs Haus ist kommen aus;
den soll man als Gsell erkennen
oder gar ein Meister nennen,
der noch nirgends ist gewest,
nur gesessen in seim Nest?

Muß i denn, muß i denn

Worte: 2. u. 3. Strophe v. Heinrich Wagner
Schwäbische Volksweise

2. Wie du weinst, daß i wandere muß,
wie wenn d'Lieb jetzt wär vorbei;
sind au draus der Mädele viel,
lieber Schatz, i bleib dir treu.
Denk du net, wenn i ein andre seh,
no sei mein Lieb vorbei;
sind au draus . . .

3. Übers Jahr, wenn mer Träubele schneidt,
stell i hier mi wiedrum ein,
bin i dann dein Schätzele noch,
so soll die Hochzeit sein.
Übers Jahr, da ist mein Zeit vorbei,
da g'hör i mein und dein;
bin i dann . . .

Das Wandern ist des Müllers Lust

Worte: Wilhelm Müller, Weise: Karl Zöllner

2. Vom Wasser haben wir's gelernt, vom Wasser!
Das hat nicht Ruh bei Tag und Nacht,
ist stets auf Wanderschaft bedacht, das Wasser.

3. Das sehn wir auch den Rädern ab, den Rädern,
die gar nicht gerne stille stehn,
die sich mein Tag nicht müde drehn, die Räder.

4. Die Steine selbst, so schwer sie sind, die Steine,
sie tanzen mit den muntern Reihn
und wollen gar noch schneller sein, die Steine.

5. O Wandern, Wandern, meine Lust, o Wandern!
Herr Meister und Frau Meisterin,
laßt mich in Frieden weiterziehn und wandern.

Es klappert die Mühle

Worte: Ernst Anschütz
Volksweise

2. Flink laufen die Räder und drehen den Stein,
klipp, klapp,
und mahlen den Weizen zu Mehl uns so fein,
klipp, klapp.
Der Müller, der füllt uns den schweren Sack,
der Bäcker das Brot und den Kuchen uns backt.
Klipp, klapp.

3. Wenn goldene Körner das Ackerfeld trägt,
klipp, klapp,
die Mühle dann flink ihre Räder bewegt,
klipp, klapp.
Und schenkt uns der Himmel nur immer das Brot,
so sind wir geborgen und leiden nicht Not.
Klipp, klapp.

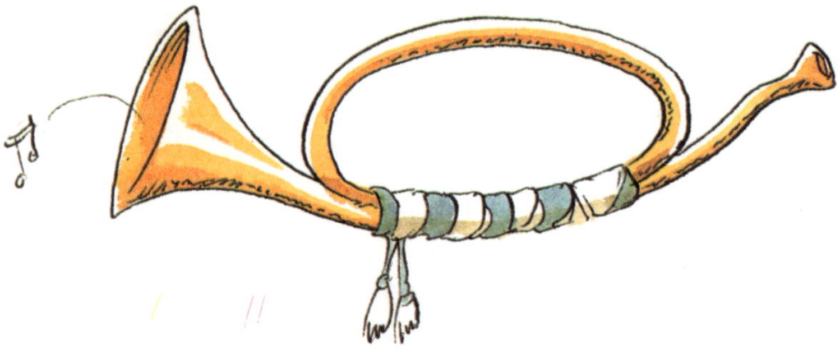

Ein Jäger aus Kurpfalz

Volksweise

2. Auf, sattle mir mein Pferd
und leg darauf mein Mantelsack,
so reit ich hin und her
als Jäger aus Kurpfalz. Juja . . .

3. Jetzt reit ich nicht mehr heim,
bis daß der Kuckuck „Kuckuck“ schreit;
er schreit die ganze Nacht
allhier auf grüner Heid. Juja . . .

Ein Männlein steht im Walde

Worte: Heinrich Hoffmann von Fallersleben
Niederrheinische Volksweise

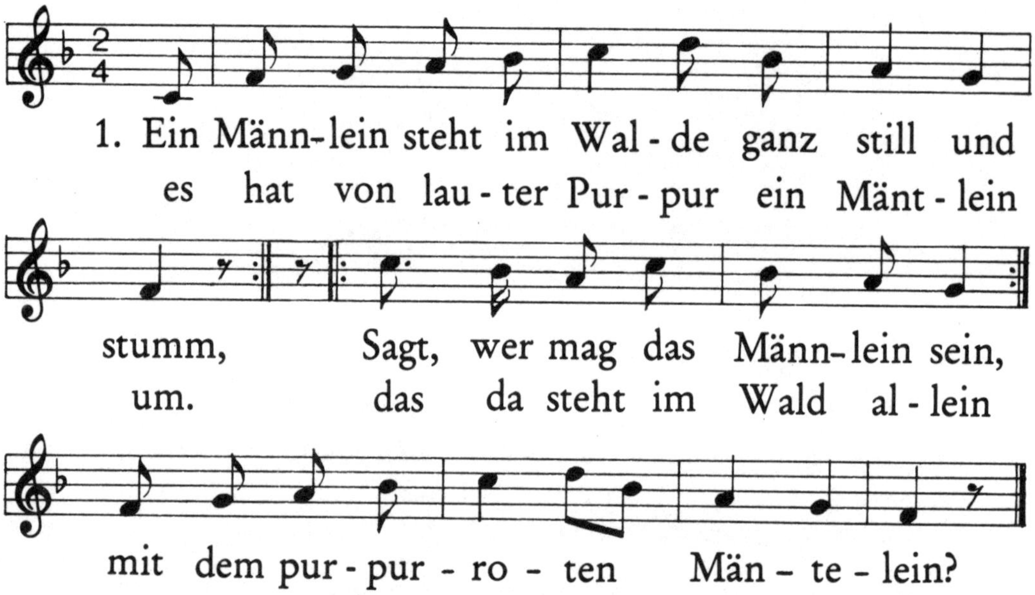

2. Das Männlein steht im Walde auf einem Bein
und hat auf seinem Haupte schwarz Käpplein klein.
Sagt, wer mag das Männlein sein,
das da steht im Wald allein
mit dem kleinen schwarzen Käppelein?

Gesprochen:
Das Männlein dort auf einem Bein
mit seinem roten Mäntelein
und seinem schwarzen Käppelein
kann nur die Hagebutte sein!

Auf de schwäbsche Eisebahne

Aus Schwaben

2. Auf de schwäbsche Eisebahne
wollt amal a Bäurle fahre,
geht an Schalter, lupft de Hut:
„Oi Billettle, seid so gut!"

3. Eine Geiß hat er sich kaufet,
und daß sie ihm nit entlaufet,
bindet sie de gute Ma
hinte an de Wage a.

4. „Böckli, tu nur woidle springe,
's Futter werd i dir scho bringe."
Setzt sich zu seim Weible na
und brennts Tabakspfeifle a.

5. Auf de nächste Statione,
wo er will sein Böckle hole,
findt er nur noch Kopf und Soil
an dem hintre Wagetoil.

6. Do kriegt er en große Zorne,
nimmt den Kopf mitsamt dem Horne,
schmeißt en, was er schmeiße ka,
dem Konduktör an Schädel na:

7. „So, du kannst den Schade zahle,
warum bist so schnell gefahre!"
Du allein bischt Schuld dara,
daß i d'Gois verlaure ha!"

Jetzt fahrn wir übern See

Hopfenpflückerlied aus Nordböhmen

* *Woidzülln = Waidzille = Jagdkahn*

2. Und als wir drüber war'n,
da sangen alle Vöglein,
der helle Tag brach — an.

3. Der Jäger blies ins Horn,
da bliesen alle Jäger,
ein jeder in sein — Horn.

4. Das Liedlein, das ist aus.
Und wer das Lied nicht singen kann,
der fang's von vorne — an.

Wann und wo

Im Kanon zu 4 Stimmen

Volkstümlich

Der Mond

ist aufgegangen

Kein schöner Land

Worte: Wilhelm von Zuccalmaglio
Weise: volkstümlich

2. Da haben wir so manche Stund
gesessen da in froher Rund:
und taten singen;
die Lieder klingen
im Eichengrund.

3. Daß wir uns hier in diesem Tal
noch treffen so viel hundertmal:
Gott mag es schenken,
Gott mag es lenken,
er hat die Gnad.

4. Nun, Brüder, eine gute Nacht,
der Herr im hohen Himmel wacht!
In seiner Güten
uns zu behüten
ist er bedacht.

Ich geh mit meiner Laterne

Volksweise

Laterne, Laterne

Volksweise

Guten Abend, gut' Nacht

Worte: 1. Strophe Volkslied, 2. Strophe von Gottlieb Scherer
Weise: Johannes Brahms

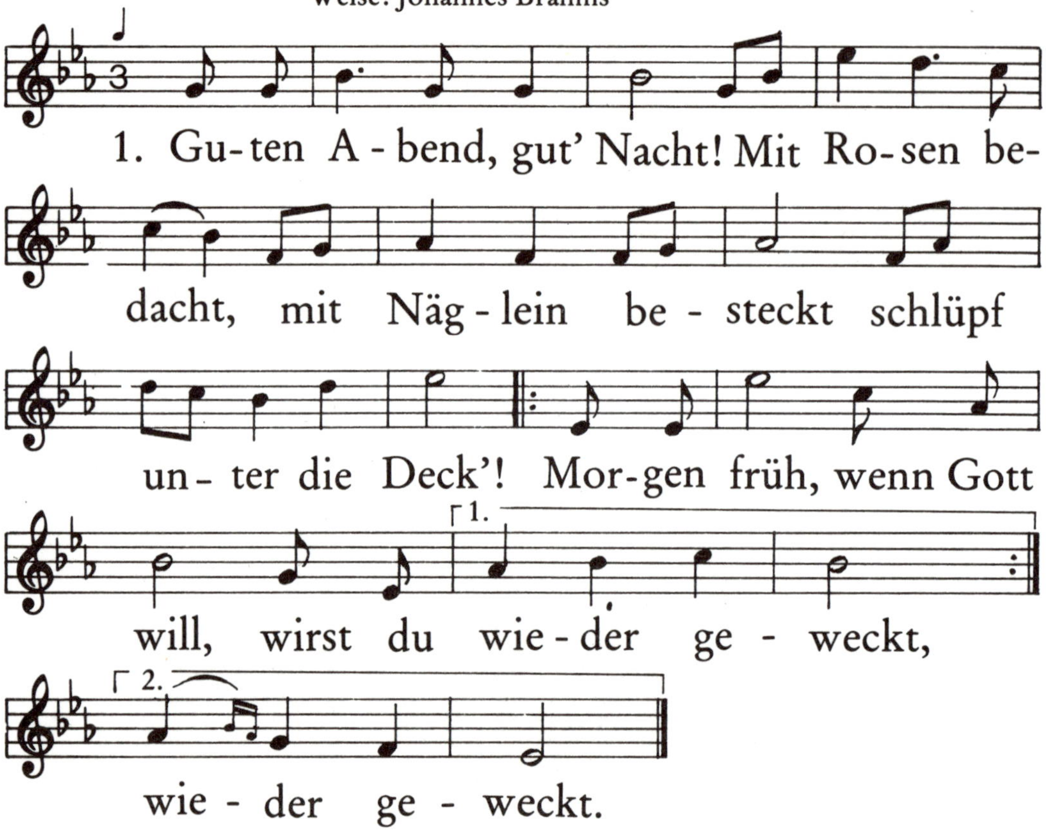

2. Guten Abend, gut' Nacht!
Von Englein bewacht,
die zeigen im Traum
dir Christkindleins Baum.
Schlaf nur selig und süß,
schau in Traum 's Paradies.

O wie wohl ist mir am Abend

Volkstümlich

Wer hat die schönsten Schäfchen

Worte: Hoffmann von Fallersleben
Weise: Joh. Friedr. Reichard

2. Dort weidet er die Schäfchen
auf seiner blauen Flur,
denn all die weißen Sterne
sind seine Schäfchen nur.

3. Und soll ich dir eins bringen,
so darfst du niemals schrein,
mußt freundlich wie die Schäfchen
und wie die Schäfer sein.

Weißt du, wieviel Sternlein stehen

Worte: Wilhelm Hey
Weise: 18. Jahrhundert

2. Weißt du, wieviel Mücklein spielen
in der heißen Sonnenglut,
wieviel Fischlein auch sich kühlen
in der hellen Wasserflut?
Gott, der Herr, rief sie bei Namen,
daß sie all ins Leben kamen,
daß sie nun so fröhlich sind.

3. Weißt du, wieviel Kindlein frühe
stehn aus ihren Betten auf,
daß sie ohne Sorg und Mühe
fröhlich sind im Tageslauf?
Gott im Himmel hat an allen
seine Lust, sein Wohlgefallen,
kennt auch dich und hat dich lieb.

Der Mond ist aufgegangen

Worte: Matthias Claudius
Weise: Joh. Abraham Peter Schulz

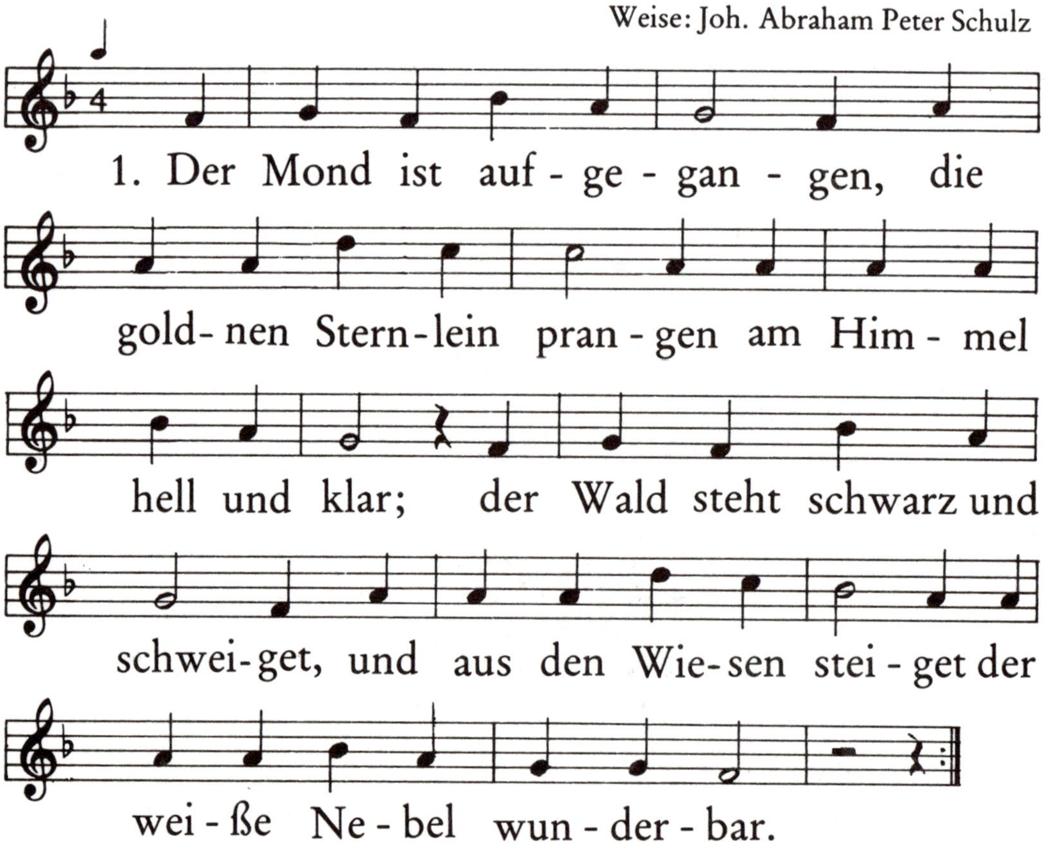

2. Wie ist die Welt so stille,
und in der Dämmrung Hülle
so traulich und so hold!
Als eine stille Kammer,
wo ihr des Tages Jammer
verschlafen und vergessen sollt.

3. Seht ihr den Mond dort stehen?
Er ist nur halb zu sehen
und ist doch rund und schön!
So sind wohl manche Sachen,
die wir getrost belachen,
weil unsre Augen sie nicht sehn.

4. So legt euch denn, ihr Brüder,
in Gottes Namen nieder.
Kalt ist der Abendhauch:
verschon uns, Gott, mit Strafen
und laß uns ruhig schlafen,
und unsern kranken Nachbar auch.

Schlaf, Kindlein, schlaf

Worte: aus „Des Knaben Wunderhorn“
Weise: volkstümlich

2. Schlaf, Kindlein, schlaf,
   Am Himmel ziehn die Schaf.
   Die Sternlein sind die Lämmerlein,
   Der Mond, der ist das Schäferlein.
   Schlaf, Kindlein, schlaf.

3. Schlaf, Kindlein, schlaf,
   So schenk’ ich dir ein Schaf
   Mit einer goldnen Schelle fein,
   Das soll dein Spielgeselle sein.
   Schlaf, Kindlein, schlaf.

Eia, peia, Wiegenstroh

Volkstümlich

Nun ruhen alle Wälder

Worte: Paul Gerhardt
Weise des Innsbruck-Liedes 15. Jahrhundert
in der Fassung Johann Sebastian Bachs

2. Der Tag ist nun vergangen,
die güldnen Sternlein prangen
am blauen Himmelssaal,
also werd' ich auch stehen,
wann mich wird heißen gehen
mein Gott aus diesem Jammertal.

3. Auch euch, ihr meine Lieben,
soll heute nicht betrüben
kein Unfall noch Gefahr,
Gott laß euch selig schlafen,
stell euch die güldnen Waffen
ums Bett und seiner Engel Schar.

Hört, ihr Herrn

Nachtwächterlied, um 1600

2. Hört, ihr Herrn, und laßt euch sagen:
unsre Glock hat elf geschlagen.
Elf der Jünger blieben treu,
gib, daß hier kein Abfall sei!

3. Hört, ihr Herrn, und laßt euch sagen:
unsre Glock hat zwölf geschlagen.
Zwölf, das ist das Ziel der Zeit.
Mensch, bedenk die Ewigkeit!

4. Hört, ihr Herrn, und laßt euch sagen:
unsre Glock hat eins geschlagen.
Eins allein der ein'ge Gott,
der uns trägt aus aller Not.

5. Hört, ihr Herrn, und laßt euch sagen:
unsre Glock hat zwei geschlagen.
Zwei Weg' hat der Mensch vor sich,
Herr, den rechten lehre mich!

6. Hört, ihr Herrn, und laßt euch sagen:
unsre Glock hat drei geschlagen.
Drei ist eins, was göttlich heißt:
Vater, Sohn und heil'ger Geist.

7. Hört, ihr Herrn, und laßt euch sagen:
unsre Glock hat vier geschlagen.
Vierfach ist das Ackerfeld,
Mensch, wie ist dein Herz bestellt?
Auf, ermuntert eure Sinnen,
denn es weicht die Nacht von hinnen.
Danket Gott, der uns die Nacht
hat so väterlich bewacht.

Ringel, Ringel, Reihe

Ringel, Ringel, Reihe

Text aus „Des Knaben Wunderhorn“

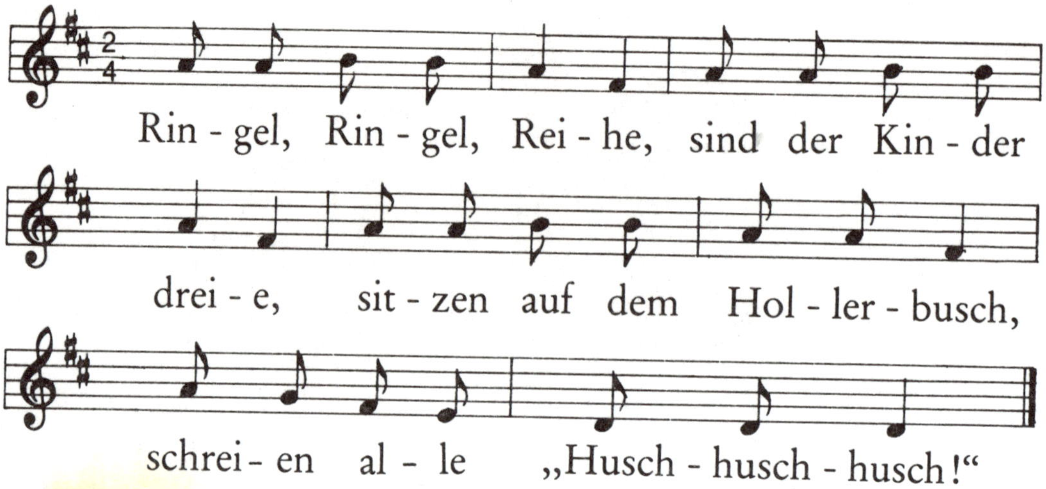

Brüderchen, komm tanz mit mir

2. Ei, das hast du gut gemacht, ei, das hätt ich nicht gedacht!

3. Noch einmal das schöne Spiel, weil es uns so gut gefiel.

Zeigt her eure Füße

Altes Kinderlied

2. Sie wringen…
3. Sie hängen…
4. Sie legen…
5. Sie rollen…
6. Sie plätten…
7. Sie ruhen…
8. Sie klatschen…
9. Sie tanzen…

Backe, backe Kuchen

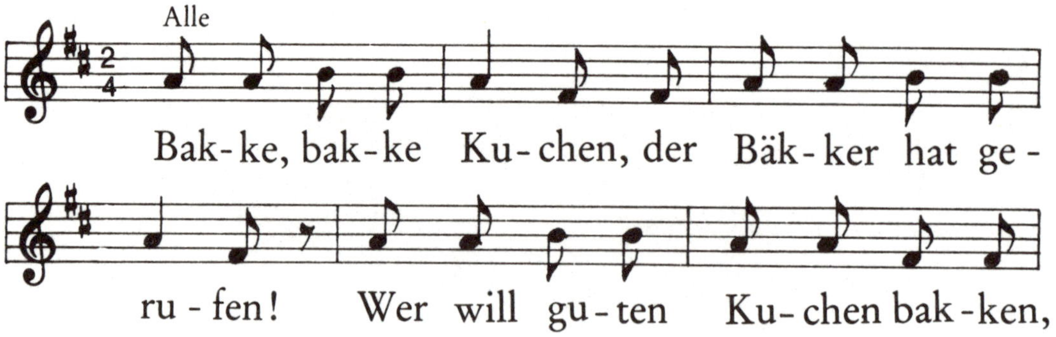

Ein Kind
der muß ha-ben sie-ben Sa-chen: Ei-er und Schmalz,
2. Kind
3. Kind
4. Kind
But-ter und Salz, Milch und Mehl, Saf-ran macht den
Alle
Ku-chen gehl. Schieb, schieb in O-fen nein!

Alle meine Kleider

Aus Pommern

2. Rot, rot, rot sind alle meine Kleider,
rot, rot, rot liebt jedermann;
darum lieb ich alles, was so rot ist,
weil mein Schatz ein Rothusar ist.

3. Blau, blau, blau sind alle meine Kleider,
blau, blau, blau liebt jedermann;
darum lieb ich alles, was so blau ist,
weil mein Schatz ein Matrose ist.

4. Weiß, weiß, weiß sind alle meine Kleider,
weiß, weiß, weiß liebt jedermann;
darum lieb ich alles, was so weiß ist,
weil mein Schatz ein Bäcker ist.

5. Schwarz, schwarz, schwarz sind alle meine Kleider,
schwarz, schwarz, schwarz liebt jedermann;
darum lieb ich alles, was so schwarz ist,
weil mein Schatz ein Schornsteinfeger ist.

6. Bunt, bunt, bunt sind alle meine Kleider,
bunt, bunt, bunt liebt jedermann;
darum lieb ich alles, was so bunt ist,
weil mein Schatz ein Maler ist.

Mein Hut, der hat drei Ecken

Melodie: Neapolitanische Canzonetta „O cara mamma mia“

B
A
C

Wenn der Topp aber nun 'n Loch hat

volkstümlich aus Hessen

2. „Womit soll ich's aber zustoppn,
lieber Heinrich, lieber Heinrich?"
„Mit Stroh, liebe, liebe Liese,
liebe Liese, mit Stroh!"

3. „Wenn das Stroh aber nun zu lang ist,
lieber Heinrich, lieber Heinrich?"
„Hau es ab, liebe, liebe Liese,
liebe Liese, hau's ab!"

4. „Womit soll ich's aber abhaun,
lieber Heinrich, lieber Heinrich?"
„Mit dem Beil, liebe, liebe Liese,
liebe Liese, mit'm Beil!"

5. „Wenn das Beil aber nun zu stumpf ist,
lieber Heinrich, lieber Heinrich?“
„Mach es scharf, liebe, liebe Liese,
liebe Liese, mach's scharf!“

6. „Womit soll ich's aber scharf mach'n,
lieber Heinrich, lieber Heinrich?“
„Mit dem Stein, liebe, liebe Liese,
liebe Liese, mit'm Stein!“

7. „Wenn der Stein aber nun zu trock'n ist,
lieber Heinrich, lieber Heinrich?“
„Mach ihn naß, liebe, liebe Liese,
liebe Liese, mach'n naß!“

8. „Womit soll ich'n aber naß mach'n,
lieber Heinrich, lieber Heinrich?“
„Mit dem Wass'r, liebe, liebe Liese,
liebe Liese, mit'm Wass'r!“

9. „Womit soll ich denn das Wass'r holen,
lieber Heinrich, lieber Heinrich?“
„Mit dem Topp, liebe, liebe Liese,
liebe Liese, mit'm Topp!“

10. „Wenn der Topp aber nun 'n Loch hat,
lieber Heinrich, lieber Heinrich?“
„Laß es sein, dumme, dumme Liese,
dumme Liese, laß's sein!“

Alle meine Entchen

Das liebe Reh

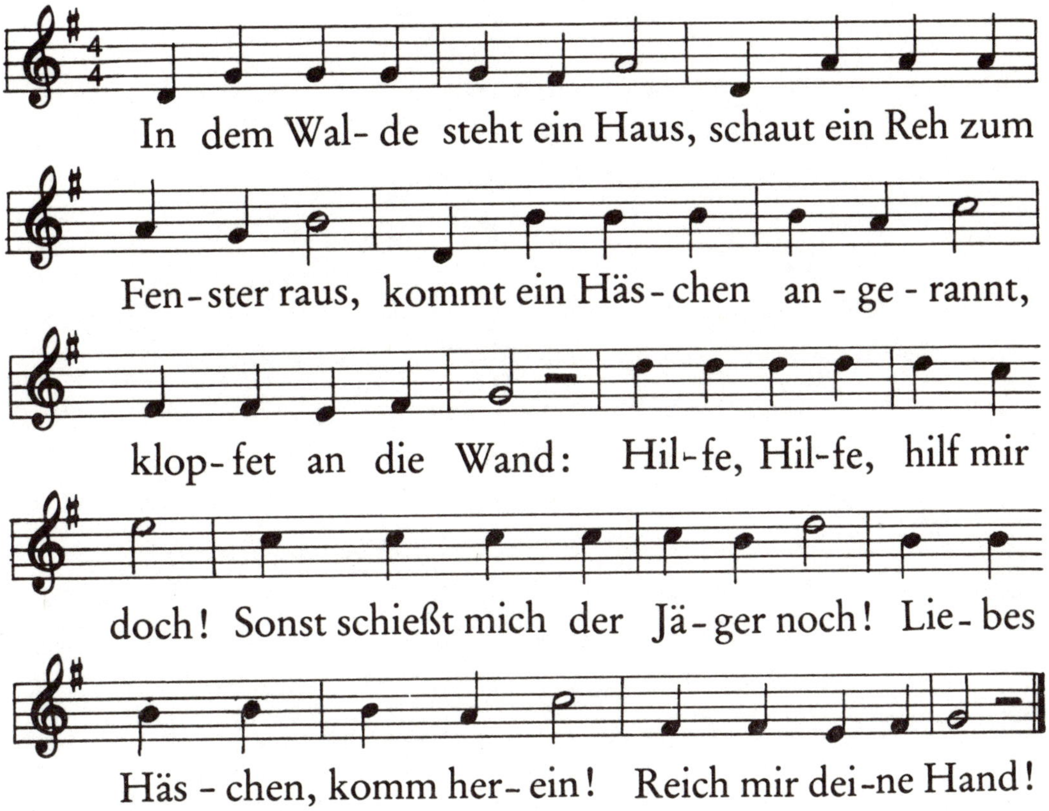

Auf der Mauer, auf der Lauer

Vogelhochzeit

volkstümlich aus Schlesien

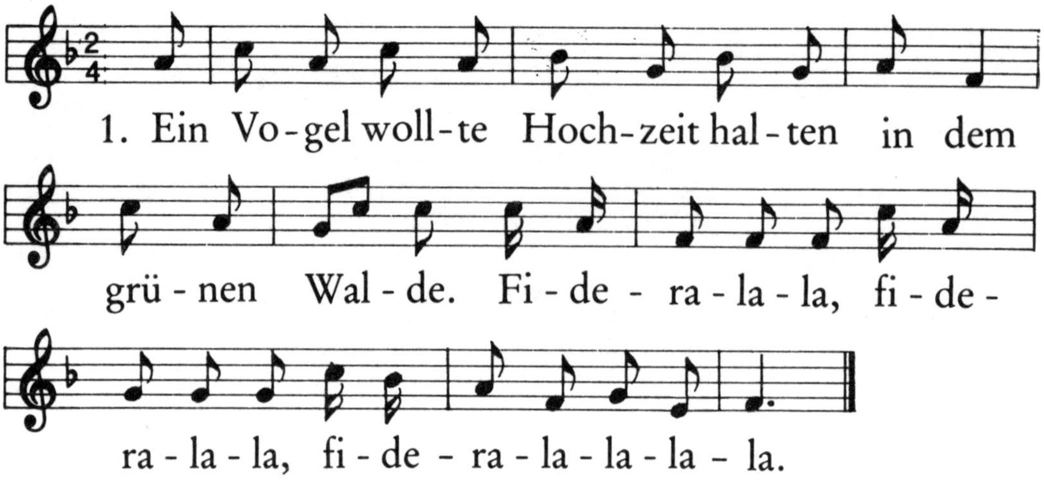

2. Die Amsel war der Bräutigam,
   die Drossel war die Braute.
   Fideralala usw.

3. Die Gänse und die Anten,
   die war'n die Musikanten.

4. Der Uhu, der Uhu,
   der bringt der Braut die Hochzeitsschuh.

5. Der Kuckuck schreit, der Kuckuck schreit,
   er bringt der Braut das Hochzeitskleid.

6. Der Sperling, der Sperling,
   der bringt der Braut den Trauring.

7. Die Taube, die Taube,
   die bringt der Braut die Haube.

8. Die Lerche, die Lerche,
   die führt die Braut zur Kerche.

9. Die Meise, die Meise,
die bringt der Braut die Speise.

10. Der Seidenschwanz, der Seidenschwanz,
macht mit der Braut den ersten Tanz.

11. Frau Kratzefuß, Frau Kratzefuß,
gibt allen einen Abschiedskuß.

12. Brautmutter war die Eule,
nahm Abschied mit Geheule.

13. Der Uhu, der Uhu,
der macht die Fensterläden zu.

14. Der Hahn, der krähet: „Gute Nacht!
Jetzt wird die Kammer zugemacht.“

15. Die Vogelhochzeit ist nun aus,
die Vögel fliegen all’ nach Haus.

Hänsel und Gretel

2. Hu, hu, da schaut eine alte Hexe raus!
Lockte die Kinder ins Pfefferkuchenhaus.
Sie stellte sich gar freundlich, o Hänsel, welche Not!
Ihn wollt sie braten im Ofen braun wie Brot!

3. Doch als die Hexe zum Ofen schaut hinein,
ward sie gestoßen von Hans und Gretelein.
Die Hexe mußte braten, die Kinder gehn nach Haus.
Nun ist das Märchen von Hans und Gretel aus.

Morgen kommt
der Weihnachtsmann

Vom Himmel hoch, o Engel, kommt

Aus dem Kölner Gesangbuch, 1623

2. Kommt ohne Instrumente nit,
bringt Lauten, Harfen, Geigen mit!
Eia, eia, susani, susani, susani ...

3. Die Stimmen müssen lieblich gehn
und Tag und Nacht nit stillestehn.
Eia, eia, susani, susani, susani ...

4. Das Lautenspiel muß lauten süß,
davon das Kindlein schlafen müß.
Eia, eia, susani, susani, susani ...

5. Singt Fried auf Erden weit und breit,
Gott Preis und Ehr in Ewigkeit!
Eia, eia, susani, susani, susani ...

Vom Himmel hoch, da komm ich her

Worte : Martin Luther
Weise: V. Schumann

2. Euch ist ein Kindlein heut geborn,
von einer Jungfrau auserkorn,
ein Kindelein, so zart und fein,
das soll eur Freud und Wonne sein.

3. Es ist der Herr Christ, unser Gott,
der will euch führn aus aller Not,
er will eur Heiland selber sein,
von allen Sünden machen rein.

4. Er bringt euch alle Seligkeit,
die Gott der Vater hat bereit,
daß ihr mit uns im Himmelreich,
sollt ewig leben allzugleich.

5. Lob, Ehr sei Gott im höchsten Thron,
der uns bringt seinen eignen Sohn.
Des freuen sich der Engel Schar
und singen uns solch neues Jahr.

Kommet, ihr Hirten

Aus Böhmen

2. Lasset uns sehen in Bethlehems Stall,
was uns verheißen der himmlische Schall!
Was wir dort finden, lasset uns künden,
lasset uns preisen in frommen Weisen: Halleluja!

3. Wahrlich, die Engel verkündigen heut
Bethlehems Hirtenvolk gar große Freud:
Nun soll es werden Friede auf Erden,
den Menschen allen ein Wohlgefallen – Ehre sei Gott!

Ihr Kinderlein, kommet

Worte: Christoph von Schmid
Weise: Johann A. P. Schulz

2. Da liegt es, das Kindlein, auf Heu und auf Stroh,
Maria und Joseph betrachten es froh.
Die redlichen Hirten knien betend davor,
hoch oben schwebt jubelnd der Engelein Chor.

3. O beugt wie die Hirten anbetend die Knie;
erhebet die Hände und danket wie sie!
Stimmt freudig, ihr Kinder, wer sollt sich nicht freun?
Stimmt freudig zum Jubel der Engel mit ein!

In dulci jubilo

Worte und Weise: Aus dem 14. Jahrh. Neugefaßt: Wittenberg, 1529.

2. O Jesu parvule, nach dir ist mir so weh.
Tröst mir mein Gemüte, o puer optime,
durch alle deine Güte, o princeps gloriae.
Trahe me post te.

3. Ubi sunt gaudia? Nirgend mehr denn da,
da die Engel singen nova cantica
und die Schellen klingen in regis curia.
Eia, wärn wir da!

Stille Nacht, heilige Nacht

Worte: J. Mohr
Weise: F. Gruber

2. Stille Nacht, heilige Nacht!
Hirten erst kundgemacht,
durch der Engel Halleluja
tönt es laut von fern und nah:
Christ, der Retter, ist da,
Christ, der Retter, ist da.

3. Stille Nacht, heilige Nacht!
Gottes Sohn, o wie lacht
Lieb aus deinem göttlichen Mund,
da uns schlägt die rettende Stund,
Christ, in deiner Geburt,
Christ, in deiner Geburt!

Als ich bei meinen Schafen wacht

Aus Oberschlesien

2. Er sagt, es soll geboren sein
zu Bethlehem ein Kindelein.

3. Er sagt, das Kind läg da im Stall
und sollt' die Welt erlösen all.

4. Als ich das Kind im Stall gesehn,
nicht wohl konnt ich von dannen gehn.

5. Den Schatz muß ich bewahren wohl,
so bleibt mein Herz der Freuden voll.

Zu Bethlehem geboren

Worte: Friedrich von Spee
Weise: Geistlicher Psalter, Köln 1638

2. In seine Lieb versenken
will ich mich ganz hinab,
mein Herz will ich ihm schenken
und alles, was ich hab.

3. O Kindelein, von Herzen
will ich Dich lieben sehr
in Freuden und in Schmerzen,
je länger mehr und mehr.

4. Dazu Dein Gnad mir gebe,
bitt ich aus Herzens Grund,
daß ich allein Dir lebe
jetzt und zu aller Stund.

5. Dich, wahren Gott, ich finde
in meinem Fleisch und Blut,
darum ich fest mich binde
an Dich, mein höchstes Gut.

6. Laß mich von Dir nicht scheiden,
knüpf zu, knüpf zu das Band
der Liebe zwischen beiden.
Nimm hin mein Herz zum Pfand.

Alle Jahre wieder

Worte: Wilhelm Hey
Weise: Friedrich Silcher

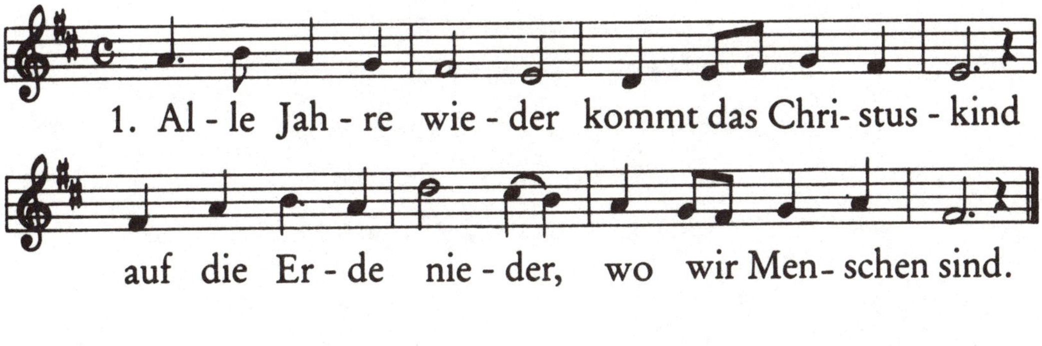

2. Kehrt mit seinem Segen
ein in jedes Haus,
geht auf allen Wegen
mit uns ein und aus.

3. Ist auch mir zur Seite
still und unerkannt,
daß es treu mich leite
an der lieben Hand.

Es ist ein Ros entsprungen

Worte: Strophen 1 und 2 bei M. Praetorius 1609, Strophe 3 Friedrich Layriz 1844, Strophe 4 bei F. Layriz („nach älterem Muster“)
Weise: Speierisches Gesangbuch Köln 1599

2. Das Röslein, das ich meine,
davon Jesaias sagt,
hat uns gebracht alleine
Marie, die reine Magd.
Aus Gottes ewgem Rat
hat sie ein Kind geboren,
welches uns selig macht.

3. Das Blümelein so kleine,
das duftet uns so süß;
mit seinem hellen Scheine
vertreibts die Finsternis:
wahr' Mensch und wahrer Gott,
hilft uns aus allem Leide,
rettet von Sünd und Tod.

4. O Jesu, bis zum Scheiden
aus diesem Jammertal,
laß Dein Hilf uns geleiten
hin in den Freudensaal,
in Deines Vaters Reich,
da wir Dich ewig loben.
O Gott, uns das verleih.

O du fröhliche Weihnachtszeit

Worte: J. D. Falk (1. Str.), J. C. Holzschuher (2. u. 3. Str.)
Weise: volkstümlich aus Sizilien

2. O du fröhliche, o du selige,
gnadenbringende Weihnachtszeit!
Christ ist erschienen, uns zu versühnen.
Freue, freue dich, o Christenheit!

3. O du fröhliche, o du selige,
gnadenbringende Weihnachtszeit!
Himmlische Heere jauchzen dir Ehre.
Freue, freue dich, o Christenheit!

NOEL ZAMANI
WEIHNACHTS ZEIT
CHRIST-MAS TIME

NIKO.

Morgen kommt der Weihnachtsmann

Worte: Hoffmann v. Fallersleben
Weise: volkstümlich

2. Bitte, lieber Weihnachtsmann,
denk an uns und bringe
Äpfel, Nüsse, Plätzchen mir,
Zottelbär und Panthertier,
Roß und Esel, Schaf und Stier,
lauter schöne Dinge.

3. Doch du weißt ja unsern Wunsch,
kennst ja unsre Herzen.
Kinder, Vater und Mama,
ja sogar der Großpapa,
alle, alle sind wir da,
warten dein mit Schmerzen.

O Tannenbaum, o Tannenbaum

Worte: J. A. Zarnack (1. Str.), E. Anschütz (2. u. 3. Str.)
Weise: volkstümlich

2. O Tannenbaum, o Tannenbaum,
du kannst mir sehr gefallen!
Wie oft hat nicht zur Weihnachtszeit
ein Baum von dir mich hocherfreut!
O Tannenbaum, o Tannenbaum,
du kannst mir sehr gefallen.

3. O Tannenbaum, o Tannenbaum,
dein Kleid will mich was lehren:
Die Hoffnung und Beständigkeit
gibt Mut und Kraft zu jeder Zeit!
O Tannenbaum, o Tannenbaum,
dein Kleid will mich was lehren.